SOCIÉTÉ GÉNÉRALE MEULIÈRE

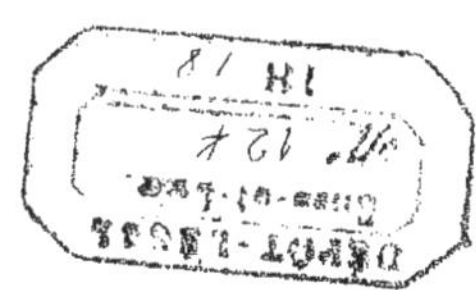

STATUTS

Par devant Mᵉ Amédée LAISNÉ et Mᵉ Léon SALMON, notaires à La Ferté-sous-Jouarre, chef-lieu de canton de l'arrondissement de Meaux (Seine-et-Marne) soussignés,

Ont comparu :

1ᵉⁿᵗ M. GEORGES-CONSTANT ROGER, demeurant à La Ferté-sous-Jouarre ;

2ᵉⁿᵗ M. PAUL-HENRI SORELLE, demeurant au même lieu ;

3ᵉⁿᵗ M. LÉON-ÉMILE TRANCHANT, demeurant aussi en la dite ville.

« Gérants de la Société formée en nom collectif à leur égard et
» en commandite à l'égard des personnes ci-après nommées sous
» la raison sociale *Roger fils et Compagnie*, ayant son siége à La
» Ferté-sous-Jouarre.

. . . .

« Procédant en présence et du consentement de leurs cinq
» commanditaires, seuls membres avec eux de la Société dont
» s'agit. »

. . . .

Tous d'une première part.

4^{ent} M. Émile-Ladislas BEAUDOUIN ;
5^{ent} M. Alexandre-Justin RENAUD ;
6^{ent} M. Pierre LEFÈVRE ;

Tous trois fabricants de meules, demeurant à La Ferté-sous-
Jouarre.

« Seuls membres de la Société en nom collectif existant à
» La Ferté-sous-Jouarre, sous la raison sociale *Baudouin, Renaud*
» *et Lefèvre*, et sous la dénomination d'*Ancienne Maison Bailly*
» *et Compagnie*. »

. . . .

Tous trois d'une deuxième part.

7^{ent} M. Pierre-Symphorien GILQUIN ;
8^{ent} M. Auguste-Louis-Pierre CHIVOT.

Tous deux fabricants de meules, demeurant à La Ferté-sous-
Jouarre.

« Seuls membres de la Société en nom collectif formée entre
» eux à La Ferté-sous-Jouarre, sous la raison sociale *P. Gilquin*
» *fils et Compagnie*. »

. . . .

Tous deux d'une troisième part.

9^{ent} M. Louis-Léon LADEUIL père, fabricant de meules ;
10^{ent} M. Edmond-Léon LADEUIL, également fabricant de meules
et Mme Marie-Catherine-Émélie TINCHANT, son épouse qu'il
autorise.

SOCIÉTÉ GÉNÉRALE MEULIÈRE

STATUTS

Dressés par acte de MM. Laisné et Salmon,

notaires à La Ferté-sous-Jouarre,

en date du 5 Novembre 1881.

CHARTRES

IMPRIMERIE ÉDOUARD GARNIER

Rue du Grand-Cerf, 15

—

1881

Tous demeurant à La Ferté-sous-Jouarre.

» Seuls membres de la Société en nom collectif formée à La
» Ferté-sous-Jouarre, sous la raison sociale *Ladeuil et Compa-*
» *gnie.* »

. . . .

Tous d'une quatrième part.

11^{ent} M. Louis CHEVRIER, fabricant de meules, demeurant à
Épernon (Eure-et-Loir).

D'une cinquième part.

12^{ent} Et M. Léon-Auguste MOULIN, exploitant de carrières,
demeurant audit Épernon.

D'une sixième et dernière part.

Lesquels, dans le but d'opérer la fusion de leurs établissements, ont résolu de constituer une Société anonyme dont ils ont
arrêté les statuts dans les termes suivants :

TITRE PREMIER

Objet; — Dénomination ; — Siége ; — Durée.

Article Premier.

Il est formé entre les comparants et ceux qui souscriront ou
acquerront les actions ci-après créées, une Société anonyme ayant
pour objet :

L'extraction des pierres meulières et autres propres à la fabrication des meules.

La fabrication des meules, le commerce des meules, pierres
meulières, pierres à bâtir et grès.

Et en général tout ce qui se rattache à l'industrie meulière.

La Société peut aussi se livrer à la fabrication et au commerce
du matériel destiné soit à l'industrie meulière, soit à la meu-
nerie, soit à d'autres industries analogues, et en général à toutes
les opérations se rattachant à ces industries, d'une manière
principale ou accessoire, directe ou indirecte.

Le tout tant en France qu'à l'étranger.

ARTICLE DEUXIÈME.

La Société prend la dénomination de **Société générale Meulière.**

ARTICLE TROISIÈME.

Son siége est à La Ferté-sous-Jouarre

ARTICLE QUATRIÈME.

La durée est fixée à cinquante ans, à compter du jour de sa constitution définitive, légalement constatée.

TITRE DEUXIÈME.

Apports.

ARTICLE CINQUIÈME.

Le comparants font à la Société les apports suivants, dont il ne sera fait ici qu'une énonciation sommaire, mais dont la désignation sera établie dans les états qui vont être ci-annexés, comme on le dira plus loin, savoir :

I. — MM. *Roger fils et Compagnie.*

1° Tous les immeubles servant à l'exploitation de leur industrie, consistant notamment en maison, chantiers, hangars et bureaux, situés, les uns à La Ferté-sous-Jouarre, et les autres à Épernon :

. . . .

2° Les terrains de carrière de La Ferté-sous-Jouarre et autres lieux ;

. . . .

3° Les terrains de carrière situés sur les communes d'Épernon, Hanches et Droué, arrondissement de Chartres et autres circonscriptions ;

. . . .

4° Le matériel servant à l'exploitation, le mobilier des bureaux, le tout se trouvant à La Ferté-sous-Jouarre, à Épernon et dans les dépôts ;

. . . .

5° La clientèle et l'achalandage attachés à leurs établissements de La Ferté-sous-Jouarre et d'Épernon, ainsi qu'à leurs dépôts en France et à l'étranger; leurs droits aux baux et locations, aux concessions de droits de fouille, aux traités ou marchés qu'ils ont pu passer ou passeront jusqu'au jour de la constitution définitive de la Société;

. . . .

6° Les marchandises de toutes sortes, fabriquées et en fabrication, les pierres extraites, les travaux de terrasse exécutés d'avance en vue des extractions, tel que le tout existera le jour de la constitution définitive, mais seulement jusqu'à concurrence de deux cent quatre-vingt-treize mille trois cent soixante-dix-sept francs huit centimes, le surplus du matériel et des marchandises devant être payé en espèces par la Société dans un délai maximum de trois ans, à compter du jour de la constitution définitive de la Société.

. . . .

Total de l'apport social de MM. Roger fils et Compagnie : Deux millions cent treize mille cinq cents francs, ci   2,113,500 fr. »»

II. — MM. *Baudouin, Renaud et Lefèvre.*

1° Les immeubles servant à l'exploitation de leur industrie et comprenant : maison, chantiers, hangars, bureaux, terrains de carrière, le tout situé à la Ferté-sous-Jouarre et autres lieux;

. . . .

2° Le matériel industriel, le mobilier des bureaux, se trouvant soit à La Ferté et à Nogent-le-Rotrou, soit dans les dépôts;

. . . .

3° La clientèle et l'achalandage attachés tant à l'établissement principal qu'aux dépôts situés en France et à l'étranger, les droits de location, de fouille, marchés passés ou à passer

A reporter. . . . . .   2,113,500 fr.   »

Report . . . . . 2,113,500 fr. »

jusqu'au jour de la constitution définitive de la Société ;

. . . .

4° Les Marchandises et travaux de terrasse qui existeront à la même époque, jusqu'à concurrence de cent quatre-vingt-onze mille cinq cent quatre-vingt-six francs dix centimes, le surplus du matériel et des marchandises devant leur être payé en espèces de la manière qui vient d'être stipulée à l'égard de MM. Roger fils et Compagnie.

Total de l'apport social de MM. Baudouin, Renaud et Lefèvre : Un million cinquante-deux mille francs, ci . . . . 1.052,000 fr. »

III. — MM. *P. Gilquin fils et Compagnie.*

1° Les immeubles servant à leur industrie, consistant notamment en maison, jardin, chantiers, hangars, terrains de carrière, le tout situé à La Ferté-sous-Jouarre et autres lieux ;

. . . .

2° Le matériel, le mobilier de bureau, se trouvant à La Ferté-sous-Jouarre ou dans les dépôts ;

. . . .

3° Leur clientèle ou achalandage, les droits de location, de fouille, les marchés, tel que le tout existera au jour de la constitution définitive de la Société ;

4° Les marchandises et travaux de terrassements qui existeront à la même époque, jusqu'à concurrence de cent quarante-six mille cent soixante-onze francs trente centimes, le

A reporter . . . . . . 3,165,500 fr. »

Report . . . . . 3,165,500 fr. »

surplus du matériel et des marchandises devant
leur être payé s'il en existe, savoir : Vingt
mille francs comptant et trente mille francs
de la manière stipulée à l'égard de MM. Roger
fils et Compagnie, étant expliqué que si cet
excédent de marchandises dépasse cinquante
mille francs, il appartiendra à la Société sans
avoir à payer rien autre chose que cette somme
de cinquante mille francs.

Total de l'apport social de MM. P. Gilquin fils
et Compagnie : Quatre cent mille francs, ci. .   400,000 fr. »»

IV. — MM. *Ladeuil et Compagnie.*

1° Un terrain de carrière, contenant douze
ares soixante-seize centiares, situé commune
de Jouarre, lieu dit le Pont-Cablin ;

. . . .

2° Le Matériel servant à leur exploitation
industrielle.

. . . .

3° Leurs clientèle et achalandage, le droit
au bail de leurs chantiers, sis à La Ferté-sous-
Jouarre, jusqu'au premier février mil huit
cent quatre-vingt-seize, les droits de fouille et
marchés tels qu'ils existeront au jour de la
constitution de la Société.

. . . .

4° Et les marchandises et travaux de terrasse
qui existeront à la même époque, jusqu'à concurrence de vingt-un mille trois cent cin-
quante-huit francs soixante centimes.

Total de l'apport social de MM. Ladeuil et
Compagnie, quatre-vingt-quatre mille cinq
cents francs, ci . . . .   84,500 fr. »»

A reporter . . . . . 3,650,000 fr. »

Report. . . . . 3,650,000 fr. »

En outre la Société reprendra le surplus des marchandises qui devra s'élever au moins à quarante-deux mille deux cent cinquante francs, mais à la condition de servir à la décharge de MM. Ladeuil et Compagnie, la rente viagère de six mille francs due à M. Tronchon et reversible pour dix-huit cents francs sur la tête de madame Tronchon.

V. — M. *Chevrier*.

1° Les terrains de carrière situés à Épernon et communes circonvoisines servant à son industrie ;

. . . .

2° Son matériel ;

. . . .

. . . .

3° Sa clientèle ainsi que tous droits de location, fouille et marchés.

Total : Quatre cent mille francs, ci . . . . 400,000 fr. »

L'apport figurant sous le numéro trois est fait à la charge par la Société de lui payer une somme de cent mille francs dans un délai d'un mois, du jour de la constitution de la Société, ci . . 100,000 fr. »

Ce qui réduira l'apport social de M. Chevrier à trois cent mille francs, ci. . . . 300,000 fr. »   300,000 fr. »

En outre, la Société prendra toutes les marchandises existantes à la même époque, et

A reporter. . . . . 3,950,000 fr. »

Report. . . . . 3,950,000 fr. »

le prix en sera payable dans l'année de la constitution.

VI. — M. Moulin.

1° Un terrain situé à Épernon, près la gare,
avec l'atelier qui s'y trouve et divers terrains
de carrière ;

. . . .

2° Son matériel ;

. . . .

3° Sa clientèle ainsi que tous droits de location, fouille et marchés.

. . . .

Total cent quatre-vingt-cinq
mille francs, ci . . . . . . 185,000 fr. »

L'apport numéro trois est
fait à la charge par la Société
de payer à M. Moulin une
somme de quatre-vingt-cinq
mille francs, aussitôt l'accom-
plissement des formalités de
transcription et de purge sur
les immeubles composant son
apport et après bien entendu
la constitution définitive de la
société, ci . . . . 85,000 fr. »

. . . .

Ce qui réduit l'apport social
de M. Moulin à cent mille francs
ci . . . . 100,000 fr.   100,000 fr. »

En outre la Société prendra les marchandises existantes le jour de la constitution, et le
prix en sera payable moitié dans les trois

A reporter. . . . . 4,050,000 fr. »

Report . . . . . 4,050,000 fr. »

mois et moitié dans les six mois, sans intérêt. .

Total général de la valeur des apports :
Quatre millions cinquante mille francs, ci . . 4,050,000 fr. »

Pour compléter les énonciations qui précèdent, il a été dressé sur timbre, des états distincts contenant : 1° la désignation des immeubles ; 2° et le détail estimatif du matériel ; quant aux droits de fouille, aux marchés et locations, il en sera justifié à l'Assemblée générale. Lesdits états certifiés véritables par chacun des comparants, ont été annexés au présent acte avec lequel ils seront enregistrés. Chacun des comparants apportant tous les droits de fouille, marchés et locations qui lui appartiennent sans exception ni réserve.

Les origines de propriété des immeubles seront établis par un acte particulier dans le mois de la constitution. Cet acte sera transcrit avec les présentes ou extrait littéral des présentes, au bureau des hypothèques de la situation des immeubles et chacune des parties sera tenue de rapporter la radiation des inscriptions qui existeraient, dans les trois mois de la notification qui lui sera faite amiablement de l'état contenant ces inscriptions.

Article Sixième.

La Société prendra possession des apports aussitôt après la constitution.

Les marchandises seront estimées sur les bases des derniers inventaires, sauf pour celles à livrer par MM. Moulin et Chevrier qui le seront sur les bases des tarifs ci-annexés.

Il en sera de même du matériel dont la différence d'estimation en plus ou en moins sera payée ou reçue s'il y a lieu, par chacun des associés autres que MM. Moulin et Chevrier.

En ce qui concerne MM. Roger fils et Compagnie, le prix du matériel industriel n'étant pas porté à sa valeur sur leur inventaire, l'estimation de ces objets sera faite en prenant pour base les prix de MM. Baudouin, Renaud et Lefèvre.

Les apports sont faits avec la garantie de droit.

Chacun des apportants s'interdit d'exploiter l'industrie et le commerce des meules ou pierres meulières, soit en France, soit à l'étranger, pendant un délai de vingt ans, et même de s'y intéresser directement ou indirectement pendant le même temps.

Néanmoins ils auront le droit d'exploiter des carrières à grès, sous la condition que les pierres meulières qui s'y trouveront, appartiendront à la Société qui les exploitera, de manière à ne pas nuire à l'exploitation du grès. Le prix de ces pierres sera fixé amiablement ou par experts respectivement choisis.

En outre M. Chevrier s'interdit formellement de vendre ou louer le chantier qu'il possède à Épernon à une personne exerçant l'industrie meulière, pendant un délai de vingt ans du jour de la constitution de la Société.

ARTICLE SEPTIÈME.

Il est attribué à chacune des parties en représentation de son apport, un nombre d'actions de cinq cents francs, libérées, égal à la valeur de son apport et applicable proportionnellement à chacun des éléments immobiliers et mobiliers composant cet apport, c'est-à-dire :

A MM. Roger fils et Compagnie, quatre mille deux cent vingt-sept actions, ci 4,227

A MM. Baudouin, Renaud et Lefèvre, deux mille cent quatre actions, ci. 2,104

A MM. Gilquin fils et Compagnie, huit cents actions, ci 800

A MM. Ladeuil et Compagnie, cent soixante-neuf actions, ci 169

A M. Chevrier, six cents actions, ci 600

A M. Moulin, deux cents actions, ci 200

Total : Huit mille cent actions, ci 8,100

TITRE TROISIÈME.

Fonds social ; — Actions.

ARTICLE HUITIÈME.

Le fonds social est fixé à cinq millions de francs et divisé en dix mille actions de cinq cents francs chacune.

Il se compose :

1° Des apports en nature, estimés à la somme de quatre millions cinquante mille francs, ci . . . . 4,050,000 fr.
et représentés par huit mille cent actions, ci 8,100

2° D'un capital en numéraire de neuf cent cinquante mille francs, ci 950,000
qui sera représenté par un capital de dix-neuf cents actions, ci 1,900

TOTAL

Du fonds social : cinq millions de francs, ci 5,000,000
Des actions : dix-mille 10,000

ARTICLE NEUVIÈME

Chaque action donne droit sans distinction, à une part égale dans les bénéfices et dans la propriété du fonds social.

ARTICLE DIXIÈME.

Le montant des actions à émettre est payable : un quart en souscrivant, un quart le premier janvier mil huit cent quatre-vingt-deux, un quart le premier avril mil huit cent quatre-vingt-deux et un quart le premier juillet suivant.

ARTICLE ONZIÈME.

Le premier versement est constaté par un récépissé nominatif provisoire à échanger contre le titre définitif après le dernier versement.

Lorsque toutes les actions ont été libérées au moins de moitié, elles peuvent être converties en titres au porteur par délibération de l'Assemblée générale des actionnaires.

Tout actionnaire peut, s'il le préfère, se faire délivrer à toute époque des titres nominatifs.

Article Douzième.

Les titres d'actions sont extraits de registres à souche numérotés, frappés du timbre de la société et signés de deux administrateurs.

Article Treizième.

A défaut de paiement du solde des actions, la Société peut, quinze jours après une mise en demeure infructueuse, les faire vendre aux enchères publiques, en l'étude et par le ministère d'un notaire. Le prix appartient à la société, mais l'actionnaire profite de l'excédent comme il reste passible du déficit.

Article Quatorzième.

La cession des titres nominatifs s'opère par une déclaration de transfert inscrite sur un registre spécial et signé du cédant ou de son mandataire ;

Et celle des actions au porteur par la simple tradition du titre.

Article Quinzième.

Les actions sont indivisibles et les co-propriétaires indivis d'une action sont tenus de se faire représenter par un seul mandataire.

Article Seizième.

Les dividendes sont valablement payés au porteur du titre ou du coupon.

TITRE QUATRIÈME.

Article Dix-Septième.

La Société est administrée par un conseil composé de neuf membres au moins et douze au plus, nommés par l'assemblée générale des actionnaires.

Toutefois sont dès à présent nommés statutairement pour trois ans, MM. Baudouin, Chivot, Gilquin, Lefèvre, Renaud, Roger, Sorelle et Tranchant.

Les comparants se réservent le droit de désigner trois autres administrateurs, sauf ratification par l'assemblée générale.

Article Dix-Huitième.

Chaque administrateur doit être propriétaire pendant toute la durée de son mandat d'au moins cinquante actions nominatives, inaliénables, frappées d'un timbre indiquant cette inaliénabilité et déposées dans la caisse sociale.

Article Dix-Neuvième.

Le premier conseil reste en fonctions pendant trois ans.

Ensuite il se renouvelle à raison de trois membres chaque année, d'abord par voie de tirage au sort, puis par ordre d'ancienneté.

Les membres sortants sont rééligibles.

Article Vingtième.

En cas de vacance par décès, démission et autre cause, le Conseil pourvoira provisoirement au remplacement jusqu'à la prochaine assemblée générale qui procédera à l'élection définitive.

Article Vingt-et-Unième.

Chaque année le Conseil nomme un président et un vice-président. En cas d'absence de l'un ou de l'autre, il désigne celui de ses membres qui doit remplir les fonctions de président.

Article Vingt-Deuxième.

Le conseil d'administration se réunit au siège social aussi souvent que l'intérêt de la Société l'exige et au moins une fois par mois.

La présence de quatre membres au moins est nécessaire pour la validité des délibérations.

Les délibérations sont prises à la majorité des voix des membres présents ; en cas de partage, la voix du président est prépondérante.

Si la majorité n'est pas formée de quatre membres au moins, la minorité peut demander le renvoi à une autre séance. Dans ce cas, les convocations adressées aux membres du Conseil d'administration font connaître l'objet de la délibération, et dans la nouvelle séance, la délibération est prise à la simple majorité des membres présents.

Nul ne peut voter par procuration dans le sein du Conseil.

Article Vingt-Troisième.

Les délibérations sont constatées par des procès-verbaux qui sont portés sur un registre tenu au siège de la Société et signées par les administrateurs qui y ont pris part.

Les copies et extraits à produire en justice ou ailleurs, sont certifiés par le Président du Conseil.

Article Vingt-Quatrième.

Le Conseil a les pouvoirs les plus étendus pour l'administration des biens et affaires de la Société, il peut même transiger, compromettre, donner tous désistements et mainlevées, avec ou sans paiement.

Il arrête les comptes qui doivent être soumis à l'Assemblée générale, et propose la répartition des dividendes.

Le Président du Conseil d'administration représente la Société en justice, tant en demandant qu'en défendant ; en conséquence, c'est à sa requête ou contre lui que doivent être intentées toutes actions judiciaires.

Article Vingt-Cinquième.

Le Conseil peut déléguer ses pouvoirs à un comité de direction de trois membres, ou à un directeur unique élu par lui dans son sein. Il peut aussi les déléguer pour des objets déterminés et pour un temps limité, à un ou plusieurs membres du Conseil.

Il est en outre permis au Conseil de se substituer un mandataire étranger à la Société et dont il est responsable.

Article Vingt-Sixième.

Les administrateurs reçoivent, outre le remboursement de leurs frais de déplacement, des jetons de présence dont la valeur est fixée par l'Assemblée générale.

Ils ont droit en plus à la part de bénéfice qui sera déterminée sous l'article trente-neuf.

La répartition du tout entre les membres du Conseil est réglée par le Conseil.

Article Vingt-Septième.

Il est nommé chaque année en Assemblée générale, un ou plusieurs commissaires, associés ou non, chargés de la mission de surveillance prescrite par la loi.

Ils reçoivent une rémunération dont le chiffre est fixé par l'Assemblée générale.

TITRE CINQUIÈME.

Des Assemblées générales.

Article Vingt-Huitième.

L'Assemblée générale, régulièrement constituée, représente l'universalité des actionnaires.

Il est tenu chaque année dans le courant d'avril une Assemblée générale ordinaire.

En outre, l'Assemblée est convoquée extraordinairement, soit par le Conseil d'administration, soit en cas d'urgence par les commissaires. Le Conseil est tenu de la convoquer, s'il en est requis par un groupe d'actionnaires représentant au moins le tiers du capital social.

Les réunions ont lieu à La Ferté-sous-Jouarre.

Article Vingt-Neuvième.

L'Assemblée générale se compose de tous les actionnaires possédant, soit à titre de propriétaires, soit à titre de mandataires, dix actions au moins.

Cette clause 'n'est pas applicable aux Assemblées générales appelées à constituer la Société ou à délibérer sur sa dissolution anticipée lesquelles doivent, aux termes de la loi, être composées de tous les actionnaires sans exception.

Article Trentième.

Les convocations sont faites par avis insérés vingt jours à l'avance dans le *Journal général d'Affiches* à Paris et en outre dans trois journaux au choix du Conseil.

Pour les Assemblées extraordinaires, les avis doivent indiquer l'objet de la réunion.

La convocation aux Assemblées constituantes peut avoir lieu cinq jours à l'avance seulement. ·

Article Trente-et-Unième.

L'Assemblée générale est régulièrement constituée lorsqu'elle représente le quart du capital social, si elle est ordinaire, et la moitié si elle est extraordinaire.

Si, sur une première convocation, cette condition n'est pas remplie, une nouvelle Assemblée est convoquée sur nouvel avis donné dix jours à l'avance et elle délibère valablement, quelle que soit la portion du capital représenté par les actionnaires présents.

Nul ne peut être mandataire s'il n'est pas lui-même actionnaire.

Article Trente-Deuxième.

L'Assemblée générale est présidée par le Président du Conseil d'administration et en son absence par un administrateur désigné par le Conseil.

Les deux plus fort actionnaires présents sont appelés à remplir les fonctions de scrutateurs.

Le bureau désigne le secrétaire.

Les titres des actionnaires doivent être déposés au siège social, cinq jours au moins avant l'Assemblée générale.

Article Trente-Troisième.

Les délibérations sont prises à la majorité des voix des membres présents.

Chacun d'eux a autant de voix qu'il représente de fois dix actions, soit comme propriétaire, soit comme mandataire, mais sans pouvoir jamais réunir plus de quatre-vingts voix.

Article Trente-Quatrième.

L'ordre du jour est arrêté par le Conseil d'administration.

Il n'y est porté que les propositions émanant du Conseil ou des commissaires, ou qui ont été communiquées au Conseil cinq jours au moins avant la réunion avec la signature de dix membres de l'Assemblée.

Il ne peut être mis en délibération que les objets portés à l'ordre du jour.

Article Trente-Cinquième.

L'Assemblée générale annuelle entend le rapport du Conseil d'administration, ainsi que celui des commissaires sur la situation de la Société, sur le bilan et sur les comptes.

Elle discute et, s'il y a lieu, approuve les comptes.

Elle fixe le dividende à répartir.

Elle nomme les administrateurs à remplacer et les commissaires chargés de la vérification des comptes pour le prochain exercice.

Elle autorise notamment tous emprunts, avec ou sans hypothèque, avec ou sans émission d'obligations, toutes aliénations, tous achats d'immeubles et d'établissements similaires et en général elle confère au Conseil d'administration tous les pouvoirs dont elle reconnaît l'utilité.

En un mot elle délibère et prononce souverainement dans la limite des statuts et de la loi, sur tous les intérêts de la Société.

Article Trente-Sixième.

Les délibérations de l'Assemblée générale sont constatées par des procès-verbaux inscrits sur un registre spécial et signés des membres du bureau.

Une feuille de présence contenant les noms et domicile des actionnaires membres de l'Assemblée et le nombre d'actions dont chacun est porteur, est certifiée par le Bureau et annexée au procès-verbal pour être communiquée à tout requérant.

Article Trente-Septième.

Les copies ou extraits à produire, en justice ou ailleurs, des délibérations de l'Assemblée, sont signés par le Président et un autre membre du Conseil d'administration.

TITRE SIXIÈME.

Inventaires. — Bénéfices à répartir.

Article Trente-Huitième.

Il est dressé chaque année le trente-et-un décembre en outre de l'état semestriel ordonné par la loi, un inventaire contenant l'indication générale de l'actif et du passif de la Société.

Il est présenté à l'Assemblée générale et, avant la réunion, tout actionnaire peut en prendre communication conformément à la loi.

ARTICLE TRENTE-NEUVIÈME.

Sur les bénéfices nets, il est prélevé :

1° Un vingtième pour le fonds de réserve ;

2° Une somme suffisante pour servir un intérêt de cinq pour cent aux actions libérées.

Il peut encore être prélevé une somme à fixer par l'Assemblée pour constituer un fonds de prévoyance destiné soit à l'amortissement des actions, soit à représenter, s'il y a lieu, la diminution des masses exploitables.

L'excédent est attribué :

Dix pour cent au Conseil d'administration.

Quatre-vingt-dix pour cent aux actions.

Toutefois, l'Assemblée peut décider qu'une part de bénéfices sera allouée à titre de rémunération supplémentaire aux employés ou à quelques-uns d'entre eux.

ARTICLE QUARANTIÈME.

Le paiement de l'intérêt a lieu par moitié le trente juin et le trente-et-un décembre, et celui du dividende le trente juin qui suit la clôture de l'exercice.

ARTICLE QUARANTE-ET-UNIÈME.

Lorsque le fonds de réserve a atteint le dixième du fonds social, le prélèvement affecté à sa création cesse d'être obligatoire.

En cas d'insuffisance des produits d'une année pour servir l'intérêt de cinq pour cent aux actions, la différence peut être prélevée sur le fonds de réserve.

TITRE SEPTIÈME.

Modification des Statuts. — Dissolution.

ARTICLE QUARANTE-DEUXIÈME.

L'Assemblée générale extraordinairement réunie peut apporter aux statuts toutes les modifications qu'elle croit utiles. Elle peut décider notamment :

L'augmentation du capital social soit par des apports en nature ou en espèces, soit la réduction du capital social.

La prolongation de la durée de la Société.

La fusion avec d'autres Sociétés.

Les modifications pouvant porter sur tous les autres points, même sur l'objet de la Société, mais sans pouvoir l'altérer dans son essence.

Article Quarante-Troisième.

La dissolution anticipée de la Société peut toujours être prononcée par l'Assemblée générale, représentant au moins la moitié du capital social.

En cas de perte des trois quarts du fonds social, il est procédé conformément aux articles 55 et 56 de la loi des vingt-quatre et vingt-neuf juillet mil huit cent soixante-sept.

Article Quarante-Quatrième.

L'Assemblée générale règle le mode de liquidation et nomme un ou plusieurs liquidateurs.

Ceux-ci ont les pouvoirs les plus étendus pour opérer la liquidation. L'Assemblée générale, dont les pouvoirs se continuent, peut même les autoriser à faire l'apport ou la vente en bloc de l'actif social, aux conditions qu'elle détermine.

TITRE HUITIÈME.

Contestations.

Article Quarante-Cinquième.

Toutes les contestations qui pourront s'élever pendant le cours de la Société ou lors de sa liquidation, soit entre les actionnaires, la Société, les administrateurs ou les commissaires, soit entre les actionnaires eux-mêmes, relativement aux affaires sociales, seront soumises à la juridiction des tribunaux compétents de Meaux.

Tout actionnaire qui prend part à une contestation de cette nature doit faire élection de domicile à La Ferté-sous-Jouarre.

A défaut d'élection de domicile, cette élection a lieu de plein droit au parquet de M. le procureur de la République près le Tribunal civil de Meaux.

Toutes notifications, sommations et assignations sont valablement faites au domicile élu formellement ou implicitement.